Mustapha JABRANE

CONFIANCE EN SOI

Mustapha JABRANE

CONFIANCE EN SOI

Guide pratique de 28 jours pour développer une confiance en soi

Éditions Vie

Imprint

Cover image: www.ingimage.com

Publisher:
Éditions Vie
is a trademark of
Dodo Books Indian Ocean Ltd. and OmniScriptum S.R.L publishing group

120 High Road, East Finchley, London, N2 9ED, United Kingdom
Str. Armeneasca 28/1, office 1, Chisinau MD-2012, Republic of Moldova, Europe
Printed at: see last page
ISBN: 978-613-9-59098-8

CONFIANCE EN SOI

Guide pratique de 28 jours pour développer une confiance en soi innombrable

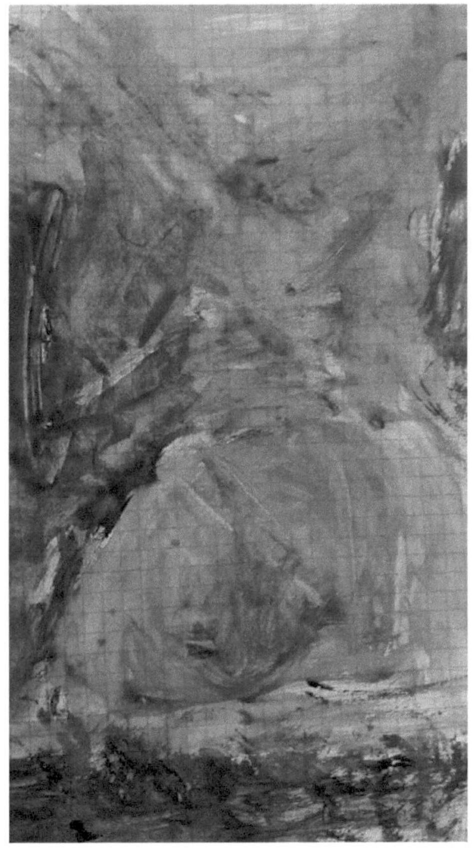

Mustapha JABRANE

Mai 2023

PREAMBULE

L'illustration présentée sur la page de garde de ce guide est l'œuvre de ma fille Malek alors âgée de 9 ans.

Qu'est-ce que y vous voyez ?

Moi aussi je ne savais pas, donc il fallait le demander tout normalement à Malak.

Sa réponse était inattendue : Mais c'est le soleil qui est tombé dans la mer !

Là j'ai compris que dans la tête d'un enfant que TOUT EST POSSIBLE et que TOUT PEUT ARRIVER.

Les certitudes changent au fil de sa vie en fonction de ses expériences et de sa croissance intellectuelle et émotionnelle.

En lisant ce guide et en expérimentant les conseils et exercices quotidiens qui y sont présentés je vous invite donc à réfléchir comme un enfant de 9 ans !

Croyez en les champs de tous les possibles !

INTRODUCTION

Je ne vais pas commencer par les classiques : c'est quoi la confiance en soi ? Comment on perd la confiance en soi ? , ni même son incidence sur notre vie sentimentale, sociale et professionnelle et si vous avez ce guide sous les yeux c'est que vous avez les réponses à toutes ses question et que vous vivez quotidiennement la conséquence de ce manque.

Ce guide se veut pratiquer, un suivi de 28 jours, chaque jour des réflexions, des propositions et des exercices.

Avant de rentrer dans le vif du sujet, je tiens d'abord à expliquer pourquoi 28 jours et pas plus ou moins.

Cette durée est basée sur la théorie selon laquelle il faut environ 28 jours pour former une nouvelle habitude ou pour créer un changement durable dans son comportement.

Elle est basée sur des recherches menées par le psychologue américain Dr Maxwell Maltz, qui a publié un livre en 1960 intitulé "Psycho-Cybernetics". Dans ce livre, il affirmait que les patients prenaient environ 21 jours pour s'adapter à leur nouvelle apparence après une opération de chirurgie plastique, et que cela correspondait également au temps nécessaire pour qu'un patient s'habitue à un changement dans sa vie quotidienne.

Jour 1

Écrivez une liste de vos réalisations passées et des moments où vous avez réussi. Prenez le temps de vous féliciter pour ces succès et rappelez-vous que vous êtes capable de réussir à nouveau.

Prendre le temps de réfléchir sur vos réalisations passées peut vous aider à renforcer votre confiance en vous et à vous rappeler que vous êtes capable de réussir à nouveau. Cela peut également vous aider à vous concentrer sur vos points forts et sur les compétences que vous avez acquises grâce à vos succès passés.

Pour commencer, prenez un moment pour réfléchir sur vos réussites passées. Quels sont les moments où vous avez réussi dans votre vie ? Que ce soit une réussite personnelle ou professionnelle, prenez le temps de les écrire sur une feuille de papier ou dans un journal.

Prenez le temps de célébrer ces réussites. Félicitez-vous pour vos réalisations et reconnaissez le travail que vous avez accompli pour y arriver. Vous pouvez même prendre le temps de vous récompenser en faisant quelque chose que vous aimez.

Rappelez-vous que vous êtes capable de réussir à nouveau. En regardant vos succès passés, vous pouvez vous rappeler que vous avez les compétences et les qualités nécessaires pour atteindre de nouveaux objectifs. Utilisez vos réussites passées comme source de motivation pour atteindre de nouveaux objectifs et pour continuer à travailler sur votre confiance en vous.

Jour 2

Prenez soin de vous en faisant quelque chose qui vous fait plaisir. Cela peut être une activité que vous aimez ou simplement prendre un bain relaxant. Prenez le temps de vous détendre et de vous choyer.

Prendre soin de soi est un aspect important de la confiance en soi, car cela peut aider à réduire le stress et à améliorer l'estime de soi. En prenant le temps de faire quelque chose qui vous fait plaisir, vous pouvez vous sentir plus détendu, plus heureux et plus confiant.

Pour commencer, pensez à une activité que vous aimez et qui vous fait plaisir. Cela peut être quelque chose de simple comme lire un livre, écouter de la musique ou regarder un film. Ou cela peut être quelque chose de plus actif comme faire du sport, cuisiner ou peindre. L'important est de choisir une activité qui vous apporte de la joie et qui vous permet de vous détendre.

Prenez le temps de planifier cette activité dans votre emploi du temps. Bloquez du temps dans votre journée ou votre semaine pour faire cette activité et traitez-la comme une priorité. Rappelez-vous que prendre soin de soi est important pour votre bien-être émotionnel et physique.

Lorsque vous faites cette activité, essayez de vous concentrer sur le moment présent et de vous immerger dans l'expérience. Soyez attentif à vos sensations et à vos émotions pendant l'activité. Cela peut vous aider à vous détendre et à vous sentir plus heureux et plus confiant

Jour 3

Pratiquez la gratitude en écrivant une liste des choses pour lesquelles vous êtes reconnaissant dans votre vie. Se concentrer sur les aspects positifs de votre vie peut vous aider à vous sentir plus confiant.

Pratiquer la gratitude est une pratique qui peut aider à renforcer votre confiance en vous et à améliorer votre bien-être émotionnel. En se concentrant sur les aspects positifs de votre vie, vous pouvez développer une perspective plus optimiste et réaliste.

Pour commencer, prenez un moment pour réfléchir à toutes les choses pour lesquelles vous êtes reconnaissant dans votre vie. Cela peut être quelque chose de simple comme avoir une maison confortable ou une famille aimante, ou quelque chose de plus spécifique comme avoir obtenu un diplôme ou avoir réussi un projet important.

Ecrivez une liste de ces choses dans un journal ou sur une feuille de papier. Essayez d'énumérer autant de choses que possible, grandes et petites, qui vous rendent reconnaissant.

Prenez le temps de lire votre liste et de vous concentrer sur les aspects positifs de votre vie. Rappelez-vous que même dans les moments difficiles, il y a toujours quelque chose pour lequel être reconnaissant. Cette pratique peut vous aider à développer une attitude plus positive et à vous sentir plus confiant dans votre vie quotidienne

Jour 4

Identifiez vos forces et vos qualités en écrivant une liste de vos compétences et de vos qualités. Ne soyez pas modeste - reconnaissez vos points forts.

Identifier vos forces et vos qualités est une étape importante pour renforcer votre confiance en vous. En reconnaissant vos points forts, vous pouvez vous concentrer sur ce que vous faites bien et apprendre à mettre en valeur vos compétences et vos qualités uniques.

Pour commencer, prenez un moment pour réfléchir à vos compétences et à vos qualités. Vous pouvez commencer en énumérant toutes les tâches que vous accomplissez bien, les activités que vous aimez faire et les domaines dans lesquels vous avez de l'expérience ou de l'expertise. Ensuite, réfléchissez aux qualités personnelles que vous possédez, telles que la persévérance, la créativité, la résilience ou l'empathie.

Une fois que vous avez énuméré vos compétences et vos qualités, écrivez-les sur une liste. Ne soyez pas modeste - reconnaissez vos points forts et soyez fier de vos réalisations passées. Essayez de vous concentrer sur vos compétences et qualités spécifiques qui vous ont aidé à réussir dans le passé ou qui pourraient vous aider à atteindre vos objectifs à l'avenir.

Prenez le temps de lire votre liste régulièrement pour vous rappeler vos compétences et vos qualités uniques. Utilisez cette liste comme un rappel de vos points forts lorsque vous avez besoin d'un regain de confiance en vous.

Jour 5

Visualisez-vous réussissant dans une situation difficile. Prenez le temps de visualiser une situation où vous avez besoin de confiance en vous et imaginez-vous la surmonter avec succès.

Tout d'abord, trouvez un endroit calme où vous pouvez vous asseoir et vous détendre sans être dérangé. Fermez les yeux et prenez quelques respirations profondes pour vous relaxer.

Ensuite, imaginez une situation difficile que vous devez affronter. Il peut s'agir d'une présentation importante, d'une entrevue d'embauche, d'une compétition sportive, ou de tout autre défi qui nécessite de la confiance en soi. Visualisez les détails de la situation : où cela se passe, qui est présent, ce que vous devez faire, ce que vous ressentez.

Ensuite, imaginez-vous en train de surmonter cette situation avec succès. Visualisez-vous avec assurance, confiance en vous et sérénité. Imaginez-vous en train de parler avec assurance, d'accomplir la tâche avec facilité et de recevoir des commentaires positifs de la part des autres.

Essayez de rendre l'image aussi vivante et réelle que possible, en utilisant tous vos sens. Sentez la confiance que vous ressentez, entendez les applaudissements ou les commentaires positifs, voyez-vous sourire et vous sentir satisfait.

Continuez à visualiser cette scène de réussite pendant quelques minutes. Répétez-le plusieurs fois par jour pendant quelques semaines, pour renforcer votre confiance en vous et vous préparer mentalement à affronter cette situation difficile

Jour 6

Faites une liste des actions que vous pouvez prendre pour atteindre un objectif que vous avez. Cela vous aidera à vous concentrer sur les étapes à suivre pour atteindre votre but.

Certainement, voici quelques étapes que vous pouvez prendre pour atteindre un objectif spécifique :

Définissez clairement votre objectif : Il est important d'avoir une idée claire de ce que vous voulez atteindre. Écrivez votre objectif sur papier et assurez-vous qu'il est spécifique, mesurable, réalisable, pertinent et temporellement défini (SMART).

Faites un plan d'action : Écrivez les étapes spécifiques que vous devez suivre pour atteindre votre objectif. Divisez les étapes en tâches plus petites et définissez une date limite pour chaque étape. Cela vous permettra de rester concentré et de mesurer votre progression.

Identifiez les ressources dont vous avez besoin : Identifiez les ressources nécessaires pour atteindre votre objectif, telles que des connaissances, des compétences, des outils, des contacts, de l'argent, du temps, etc. Établissez un plan pour acquérir ces ressources.

Éliminez les obstacles : Identifiez les obstacles potentiels qui peuvent vous empêcher d'atteindre votre objectif. Trouvez des solutions pour surmonter ces obstacles et incluez-les dans votre plan d'action.

Fixez des étapes de progression : Identifiez les indicateurs de progression qui vous permettront de suivre vos progrès. Cela peut inclure des jalons spécifiques que vous souhaitez atteindre à certains moments pour vous assurer que vous êtes sur la bonne voie.

Prenez des mesures : Mettez en œuvre votre plan d'action et suivez les étapes que vous avez identifiées. Si vous rencontrez des difficultés, n'hésitez pas à apporter des ajustements à votre plan en fonction de la situation.

Évaluez votre progression : Passez en revue régulièrement votre progression et réfléchissez à ce qui fonctionne bien et ce qui ne fonctionne pas. Apportez des ajustements à votre plan en conséquence pour vous assurer que vous restez sur la bonne voie pour atteindre votre objectif.

En suivant ces étapes, vous pouvez créer un plan solide pour atteindre vos objectifs. Il est important de rester engagé et motivé tout au long du processus et de célébrer vos succès à chaque étape du chemin.

Jour 7

Parlez de vos réalisations à quelqu'un. Partagez vos succès avec un ami ou un membre de votre famille pour célébrer ensemble.

partager vos réalisations avec quelqu'un peut être une expérience gratifiante et renforçante. Voici quelques raisons pour lesquelles il peut être bénéfique de parler de vos réalisations avec un ami ou un membre de votre famille :

Célébrez ensemble : Partager vos réalisations avec quelqu'un peut vous aider à célébrer ensemble et à ressentir la joie de réussir. Cela peut renforcer votre lien et vous aider à vous sentir soutenu et encouragé.

Se rappeler de ses succès : En parlant de vos réalisations avec d'autres personnes, vous vous rappelez de vos succès et vous pouvez vous concentrer sur les aspects positifs de votre vie. Cela peut vous aider à renforcer votre confiance en vous et à rester motivé pour poursuivre vos objectifs.

Obtenir des commentaires : En partageant vos réalisations avec quelqu'un, vous pouvez obtenir des commentaires et des conseils précieux. Cela peut vous aider à voir vos réalisations sous un angle différent et à apprendre des erreurs que vous avez pu faire dans le processus.

Inspirer les autres : En partageant vos réalisations, vous pouvez inspirer les autres à poursuivre leurs propres objectifs. Vos réalisations peuvent leur montrer que tout est possible avec suffisamment d'efforts et de persévérance.

Renforcer votre estime de soi : En partageant vos réalisations avec d'autres personnes, vous pouvez renforcer votre estime de soi et votre sentiment de fierté pour ce que vous avez accompli. Cela peut vous aider à vous sentir plus confiant et à avoir une meilleure perception de vous-même.

Lorsque vous partagez vos réalisations avec quelqu'un, essayez de choisir quelqu'un de confiance qui vous soutiendra et vous encouragera. Il est important de se rappeler que toutes les réalisations, peu importe leur taille, sont importantes et méritent d'être célébrées

Jour 8

Éliminez une pensée négative en la remplaçant par une affirmation positive. Prenez conscience des pensées négatives que vous avez et remplacez-les par des affirmations positives pour vous encourager.

remplacer une pensée négative par une affirmation positive peut être un moyen efficace de changer votre état d'esprit et de vous encourager. Voici quelques étapes que vous pouvez suivre pour remplacer une pensée négative par une affirmation positive :

Prenez conscience de la pensée négative : Le premier pas pour remplacer une pensée négative par une affirmation positive est de reconnaître les pensées négatives que vous avez. Prenez un moment pour écouter vos pensées et identifier celles qui sont négatives et qui vous tirent vers le bas.

Identifiez l'affirmation positive : Une fois que vous avez identifié la pensée négative, trouvez une affirmation positive qui peut la remplacer. L'affirmation positive doit être quelque chose que vous pouvez vous répéter plusieurs fois pour vous encourager et vous aider à surmonter la pensée négative.

Répétez l'affirmation positive : Répétez l'affirmation positive à voix haute ou dans votre tête plusieurs fois jusqu'à ce que vous vous sentiez mieux. Vous pouvez également écrire l'affirmation positive et la placer dans un endroit visible pour vous rappeler de la répéter régulièrement.

Visualisez l'affirmation positive : Visualisez-vous en train d'accomplir ce que vous voulez et d'utiliser l'affirmation positive pour vous encourager. Imaginez-vous en train de surmonter les obstacles et d'atteindre vos objectifs en vous répétant l'affirmation positive.

Soyez patient : Il peut falloir du temps et de la pratique pour remplacer une pensée négative par une affirmation positive. Soyez patient avec vous-même et continuez à répéter l'affirmation positive jusqu'à ce qu'elle devienne une habitude.

Voici quelques exemples d'affirmations positives que vous pouvez utiliser pour remplacer une pensée négative :

Je suis capable de surmonter cet obstacle.

Je suis assez fort pour faire face à cette situation difficile.

Je suis fier de ce que j'ai accompli jusqu'à présent.

Je suis en train de devenir la meilleure version de moi-même.

Je mérite d'être heureux et épanoui dans ma vie.

Je suis entouré d'amour et de soutien

Jour 9

Essayez quelque chose de nouveau. Faites quelque chose que vous n'avez jamais fait auparavant pour vous aider à sortir de votre zone de confort.

sortir de sa zone de confort et essayer quelque chose de nouveau peut être un excellent moyen de stimuler sa confiance en soi. Voici quelques étapes que vous pouvez suivre pour essayer quelque chose de nouveau :

Identifiez quelque chose que vous n'avez jamais fait auparavant : Réfléchissez à une activité ou une expérience que vous avez toujours voulu essayer, mais que vous n'avez jamais eu l'occasion de faire. Cela peut être quelque chose de petit, comme essayer un nouveau plat ou de plus grand, comme prendre un cours de danse.

Préparez-vous mentalement : Prenez le temps de vous préparer mentalement à l'idée d'essayer quelque chose de nouveau. Il est normal de ressentir de l'appréhension ou de l'anxiété à l'idée de sortir de sa zone de confort, mais essayez de vous concentrer sur les avantages que cela peut vous apporter.

Fixez-vous des objectifs réalistes : Avant de vous lancer, fixez-vous des objectifs réalistes pour l'expérience que vous souhaitez vivre. Par exemple, si vous essayez un nouveau sport, ne vous attendez pas à être un expert dès la première séance d'entraînement.

Faites-le : Lancez-vous ! Essayez quelque chose de nouveau et profitez de l'expérience. N'oubliez pas que l'objectif principal est de sortir de votre zone de confort et de vous offrir une expérience différente de ce que vous avez l'habitude de faire.

Évaluez l'expérience : Une fois que vous avez essayé quelque chose de nouveau, prenez le temps d'évaluer l'expérience. Qu'est-ce que vous avez appris ? Qu'est-ce que vous avez aimé ? Qu'est-ce que vous auriez pu faire différemment ? Cela vous aidera à réfléchir sur l'expérience et à déterminer si vous souhaitez la répéter ou non.

Essayer quelque chose de nouveau peut vous aider à sortir de votre routine quotidienne et à découvrir de nouvelles passions et centres d'intérêt. Cela peut également vous aider à développer de nouvelles compétences et à acquérir de la confiance en vous en prouvant que vous êtes capable d'apprendre et de vous adapter à de nouvelles situations

Jour 10

Évitez de vous comparer aux autres. Concentrez-vous sur vos propres réalisations et ne vous comparez pas aux autres.

Il est naturel de se comparer aux autres, mais cela peut parfois causer des problèmes pour notre confiance en soi. En effet, en nous comparant constamment aux autres, nous pouvons nous sentir mal à l'aise et découragé. C'est pourquoi il est important de se concentrer sur nos propres réalisations et de ne pas se comparer aux autres. Voici quelques conseils pour vous aider à éviter de vous comparer aux autres :

Rappeler-vous que chacun a son propre parcours : Il est important de comprendre que chaque personne a son propre parcours et ses propres expériences de vie. Les gens ont des capacités, des opportunités et des défis différents, ce qui signifie que leur parcours de vie sera unique. Par conséquent, il est injuste de se comparer aux autres car leurs réalisations et leurs parcours ne sont pas les mêmes que les vôtres.

Établir vos propres critères de réussite : Il est important de déterminer vos propres critères de réussite en fonction de vos propres objectifs, aspirations et compétences. Vous pouvez vous fixer des objectifs réalistes et mesurables et travailler pour les atteindre, sans vous soucier de la façon dont ils se comparent à ceux des autres.

Célébrer vos propres réalisations : Au lieu de vous concentrer sur les réalisations des autres, concentrez-vous sur vos propres succès et célébrez-les. Prenez le temps de reconnaître et d'apprécier les choses que vous avez accomplies. Cela vous aidera à renforcer votre confiance en vous et à vous sentir plus positif à propos de vous-même.

Apprendre des autres sans les comparer : Vous pouvez apprendre des autres sans les comparer à vous-même. Par exemple, en observant les compétences et les techniques des autres, vous pouvez apprendre de nouvelles choses et améliorer vos propres compétences.

En résumé, se concentrer sur nos propres réalisations et éviter de nous comparer aux autres est une étape importante pour renforcer notre confiance en nous-mêmes. En gardant à l'esprit que chaque personne a son propre parcours et en établissant nos propres critères de réussite, nous pouvons nous concentrer sur notre propre croissance et réaliser notre plein potentiel

Jour 11

Pratiquez la méditation pour vous aider à vous calmer et à vous concentrer sur l'instant présent.

La méditation est une pratique ancienne qui peut aider à améliorer la santé mentale et physique en aidant à se concentrer sur l'instant présent. Elle implique généralement de s'asseoir en silence, de fermer les yeux et de se concentrer sur la respiration ou un autre point de concentration. La pratique régulière de la méditation peut aider à calmer l'esprit, à réduire le stress et à améliorer la concentration.

Voici quelques façons dont la pratique de la méditation peut vous aider à améliorer votre bien-être mental et physique :

Réduire le stress et l'anxiété : La méditation peut aider à réduire les niveaux de stress et d'anxiété en aidant à calmer l'esprit et à améliorer la clarté mentale. En se concentrant sur la respiration ou un autre point de concentration, vous pouvez vous déconnecter des pensées et des émotions négatives qui peuvent causer du stress et de l'anxiété.

Améliorer la concentration et la clarté mentale : La méditation peut aider à améliorer la concentration et la clarté mentale en permettant de développer la capacité de se concentrer sur une seule tâche à la fois. Cette capacité peut également être appliquée à d'autres domaines de la vie, comme le travail ou les études.

Favoriser la relaxation : La méditation peut aider à favoriser la relaxation en ralentissant le rythme cardiaque, en diminuant la tension artérielle et en réduisant les niveaux de cortisol, l'hormone du stress.

Améliorer le sommeil : La méditation peut aider à améliorer la qualité du sommeil en aidant à calmer l'esprit et à réduire les niveaux de stress. Cela peut également aider à réduire l'insomnie et les problèmes de sommeil

Jour 12

Créez une liste de vos objectifs à long terme. Avoir des objectifs à long terme peut vous aider à vous concentrer sur ce que vous voulez accomplir.

Créer une liste de vos objectifs à long terme peut vous aider à avoir une vision claire de ce que vous voulez accomplir dans la vie. Cela peut vous aider à rester motivé et concentré sur vos objectifs, et vous permettre de mesurer votre progrès au fil du temps. Voici quelques conseils pour créer une liste d'objectifs à long terme :

Soyez précis : Essayez de définir clairement vos objectifs. Évitez les objectifs vagues ou génériques, tels que "être heureux" ou "avoir une bonne carrière". Au lieu de cela, essayez de définir des objectifs spécifiques et mesurables, tels que "obtenir un diplôme universitaire" ou "courir un marathon".

Priorisez vos objectifs : Classez vos objectifs par ordre d'importance. Cela vous aidera à vous concentrer sur les objectifs les plus importants pour vous et à consacrer votre temps et votre énergie à les atteindre.

Fixez des échéances : Essayez de définir une échéance réaliste pour chaque objectif. Cela vous aidera à rester motivé et à travailler vers un but concret.

Faites une liste détaillée : Créez une liste détaillée de chaque objectif, y compris les étapes spécifiques que vous devrez suivre pour les atteindre. Cela peut vous aider à planifier votre parcours et à vous concentrer sur les actions concrètes que vous devez prendre pour atteindre vos objectifs.

Révisez régulièrement votre liste : Passez en revue votre liste d'objectifs à long terme régulièrement. Cela peut vous aider à suivre votre progrès, à apporter des modifications si nécessaire et à vous motiver à continuer à travailler vers vos objectifs.

Jour 13

Faites une liste de vos limites et travaillez sur la façon dont vous pouvez les surmonter. Se concentrer sur la résolution des problèmes peut vous aider à vous sentir plus confiant.

Faire une liste de vos limites peut sembler difficile ou même décourageant, mais c'est en réalité une étape importante pour améliorer votre confiance en vous. En prenant le temps d'identifier les domaines où vous pourriez vous améliorer, vous pouvez commencer à travailler sur des solutions pour surmonter ces obstacles et à renforcer votre estime de soi. Voici quelques conseils pour vous aider à faire une liste de vos limites et travailler à les surmonter :

Identifiez vos limites : Prenez le temps de réfléchir sur les domaines de votre vie où vous avez l'impression que vous rencontrez des difficultés ou où vous vous sentez bloqué. Que ce soit dans votre vie professionnelle, personnelle, sociale ou même dans vos compétences, essayez d'être honnête avec vous-même et de reconnaître les domaines où vous pourriez vous améliorer.

Soyez spécifique : Essayez de définir clairement vos limites et les raisons pour lesquelles elles existent. Par exemple, si vous avez du mal à parler en public, identifiez les raisons exactes pour lesquelles vous vous sentez mal à l'aise et les symptômes que vous ressentez.

Trouvez des solutions : Une fois que vous avez identifié vos limites, travaillez à trouver des solutions pour les surmonter. Par exemple, si vous avez des difficultés à parler en public, vous pouvez travailler sur votre éloquence, prendre des cours de prise de parole en public ou vous entraîner en présentant des discours à des amis ou à des membres de votre famille.

Établissez des objectifs : Établissez des objectifs clairs et mesurables pour vous aider à surmonter vos limites. Par exemple, si vous avez du mal à gérer votre temps, vous pouvez fixer un objectif pour organiser votre emploi du temps et créer un calendrier pour vous aider à rester sur la bonne voie.

Évaluez votre progrès : Évaluez régulièrement vos progrès pour mesurer votre réussite et vous motiver à continuer à travailler sur vos limites. Cela peut vous aider à rester concentré et à vous sentir plus confiant à mesure que vous surmontez vos obstacles.

Jour 14

Faites quelque chose pour aider quelqu'un d'autre. Se sentir utile et aider les autres peut vous aider à vous sentir bien dans votre peau.

Il existe de nombreuses raisons pour lesquelles aider les autres peut améliorer votre confiance en vous. Tout d'abord, cela vous permet de vous concentrer sur les besoins des autres plutôt que sur les vôtres, ce qui peut vous aider à vous sentir plus positif et plus optimiste. En aidant les autres, vous pouvez également vous sentir plus valorisé et apprécié, ce qui peut renforcer votre estime de soi.

Voici quelques façons d'aider les autres pour renforcer votre confiance en vous :

Bénévolat : Trouvez un organisme de bienfaisance ou une organisation communautaire pour aider bénévolement. Que ce soit pour aider à une soupe populaire, faire du bénévolat dans une bibliothèque locale, participer à des collectes de fonds, il y a toujours des occasions pour donner de son temps et de ses compétences pour aider les autres.

Offrir votre aide : Si vous connaissez quelqu'un qui a besoin d'aide, offrez votre aide. Cela peut être quelque chose de simple, comme aider un voisin âgé à porter ses courses ou donner un coup de main à un ami qui traverse une période difficile.

Partagez vos connaissances : Si vous avez des compétences particulières ou des connaissances dans un domaine particulier, partagez-les avec les autres. Vous pouvez proposer de donner des cours particuliers, d'aider un ami à résoudre un problème informatique, ou d'organiser un atelier pour partager vos connaissances avec d'autres personnes.

Faites des dons : Vous pouvez également aider les autres en faisant des dons à des organisations caritatives ou à des personnes dans le besoin. Il peut s'agir de donner des vêtements à un refuge pour sans-abris, de faire un don d'argent à une organisation caritative, ou de donner du sang.

Ecoutez les autres : Parfois, simplement écouter quelqu'un peut aider à soulager son stress ou son anxiété. Prenez le temps d'écouter attentivement les préoccupations et les besoins des autres, et offrez votre soutien si nécessaire.

En aidant les autres, vous pouvez améliorer la vie des autres tout en renforçant votre propre confiance en vous. En plus de vous faire sentir bien dans votre peau, aider les autres peut également vous donner un sentiment de réalisation et de satisfaction

Jour 15

Demandez à quelqu'un de vous donner des commentaires constructifs sur quelque chose que vous avez fait. Écoutez attentivement leurs commentaires et utilisez-les pour vous améliorer.

Demander des commentaires constructifs à quelqu'un peut être une excellente façon d'améliorer votre confiance en vous et de vous aider à vous améliorer. Recevoir des commentaires sur ce que vous avez fait peut vous aider à identifier vos forces et vos faiblesses, et à obtenir des conseils pour vous améliorer. Voici quelques conseils pour demander des commentaires constructifs :

Choisissez la bonne personne : Choisissez une personne de confiance qui vous connaît bien et qui a une perspective positive et constructive. Demandez-lui de vous donner son avis sur ce que vous avez fait.

Posez des questions ouvertes : Pour obtenir des commentaires constructifs, posez des questions ouvertes qui incitent la personne à donner des détails. Évitez de poser des questions qui peuvent être répondues par un simple "oui" ou "non".

Soyez prêt à recevoir des critiques : Demandez à la personne de vous donner des commentaires honnêtes et constructifs, même si cela signifie que vous allez entendre des choses que vous ne voulez pas nécessairement entendre. Gardez à l'esprit que les critiques constructives peuvent vous aider à vous améliorer.

Soyez reconnaissant : Remerciez la personne pour ses commentaires et prenez le temps de les considérer attentivement. Utilisez ces commentaires pour vous améliorer et pour renforcer votre confiance en vous.

En utilisant les commentaires constructifs pour vous améliorer, vous pouvez renforcer votre confiance en vous et devenir plus compétent dans ce que vous faites. N'oubliez pas que l'amélioration est un processus continu, alors continuez à demander des commentaires constructifs pour continuer à progresser et à vous améliorer.

Jour 16

Faites une activité physique pour libérer des endorphines et vous sentir bien dans votre corps.

Faire de l'exercice physique est l'une des meilleures choses que vous pouvez faire pour votre corps et votre esprit. Lorsque vous faites de l'exercice, votre corps libère des endorphines, qui sont des hormones qui aident à soulager la douleur et à vous faire sentir bien. Voici quelques avantages que vous pouvez obtenir en faisant de l'exercice :

Libération d'endorphines : Comme mentionné précédemment, l'exercice est un excellent moyen de libérer des endorphines dans votre corps, ce qui peut vous aider à vous sentir bien et à améliorer votre humeur.

Réduction du stress et de l'anxiété : Faire de l'exercice peut également aider à réduire le stress et l'anxiété. Lorsque vous faites de l'exercice, votre corps libère des hormones qui peuvent vous aider à vous sentir plus détendu et plus calme.

Amélioration de la confiance en soi : En faisant de l'exercice régulièrement, vous pouvez également améliorer votre confiance en vous. Lorsque vous êtes en meilleure forme physique, vous pouvez vous sentir plus en confiance et plus à l'aise dans votre corps.

Augmentation de l'énergie : L'exercice peut également vous aider à augmenter votre énergie. En faisant de l'exercice régulièrement, vous pouvez améliorer votre endurance et votre force, ce qui peut vous aider à vous sentir plus énergique et plus alerte tout au long de la journée.

Amélioration de la santé physique : En plus des avantages mentaux et émotionnels, l'exercice peut également vous aider à améliorer votre santé physique. En faisant de l'exercice régulièrement, vous pouvez renforcer vos muscles, améliorer votre circulation sanguine, et réduire votre risque de maladies chroniques telles que le diabète et les maladies cardiaques.

Il n'est pas nécessaire de faire de l'exercice pendant des heures chaque jour pour obtenir ces avantages. Même quelques minutes d'exercice par jour peuvent être bénéfiques. Commencez lentement et augmentez progressivement votre temps et votre intensité d'exercice au fil du temps. Essayez différentes activités pour trouver celle que vous préférez, comme la course, la marche, le yoga ou la natation. Vous pouvez également demander à un ami ou à un membre de votre famille de vous rejoindre pour rendre l'exercice plus amusant et plus motivant

Jour 17

Faites une liste de vos peurs et travaillez sur la façon dont vous pouvez les surmonter. Connaître vos peurs et travailler sur la façon de les surmonter peut vous

aider à vous sentir plus confiant et à vous débarrasser de l'anxiété qui peut les accompagner. Voici quelques étapes que vous pouvez suivre pour surmonter vos peurs :

Identifiez vos peurs : la première étape consiste à reconnaître et à identifier vos peurs. Notez-les sur une feuille de papier ou dans un journal intime. Il peut s'agir de peurs liées à votre travail, à vos relations, à votre santé, à vos finances, etc.

Analysez vos peurs : une fois que vous avez identifié vos peurs, analysez-les pour comprendre d'où elles viennent et comment elles vous affectent.

Demandez-vous si ces peurs sont fondées ou non, si elles sont réalistes ou exagérées, si elles sont basées sur des faits ou sur des croyances limitantes.

Trouvez des solutions : une fois que vous avez compris vos peurs, essayez de trouver des solutions pour les surmonter. Élaborez un plan d'action en fonction de chaque peur. Par exemple, si vous avez peur de parler en public, vous pouvez suivre un cours de prise de parole en public ou vous entraîner en discutant avec des amis ou des membres de votre famille.

Affrontez vos peurs : la meilleure façon de surmonter vos peurs est de les affronter directement. Prenez des mesures concrètes pour surmonter vos peurs, même si cela vous semble difficile au départ. Plus vous vous exposez à vos peurs, plus vous serez à l'aise pour les affronter à l'avenir.

Célébrez vos réussites : chaque fois que vous parvenez à surmonter une peur, prenez le temps de célébrer votre réussite. Cela vous aidera à renforcer votre confiance en vous et à vous motiver à continuer à travailler sur vos peurs.

En travaillant sur vos peurs, vous pouvez vous sentir plus confiant et plus en contrôle de votre vie. Cela peut également vous aider à vous concentrer sur vos objectifs et à atteindre le succès que vous recherchez

Jour 18

Habillez-vous de manière à vous sentir bien dans votre peau. Porter des vêtements qui vous font sentir à l'aise et confiant peut avoir un impact positif sur votre humeur et votre confiance en vous.

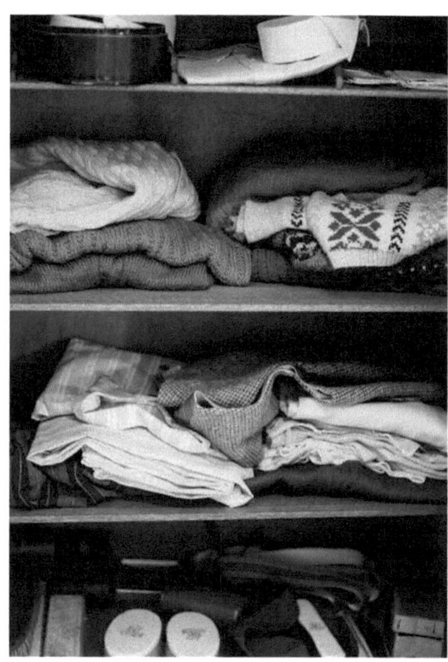

S'habiller de manière à se sentir bien dans sa peau peut avoir un effet considérable sur la confiance en soi. En choisissant des vêtements qui mettent en valeur vos atouts et qui vous font sentir à l'aise, vous pouvez vous sentir plus sûr de vous et plus confiant dans vos interactions sociales et professionnelles.

Il est important de choisir des vêtements qui correspondent à votre personnalité et à votre style de vie. Les vêtements qui vous font sentir bien peuvent varier d'une personne à l'autre. Pour certaines personnes, cela peut signifier porter des vêtements formels, tandis que pour d'autres, cela peut signifier des vêtements plus décontractés.

En plus de choisir les bons vêtements, il est également important de se concentrer sur la façon dont vous vous présentez. Par exemple, vous pouvez vous assurer que vos vêtements sont bien ajustés et propres, que votre coiffure est soignée et que vous portez des accessoires qui complètent votre tenue.

Le choix de vos vêtements et de votre apparence est une décision personnelle. Il est important de trouver un équilibre entre le confort et l'apparence, et de choisir des vêtements qui vous font vous sentir bien dans votre peau. En faisant cela, vous pouvez améliorer considérablement votre confiance en vous et votre image de soi

Jour 19

Écrivez une lettre à votre moi futur, décrivant les choses que vous avez réussies et les objectifs que vous avez atteints. Cela peut vous aider à visualiser votre succès futur et à vous encourager à poursuivre vos objectifs.

Écrire une lettre à votre moi futur peut être une excellente façon de vous motiver à atteindre vos objectifs et à visualiser votre réussite future. Cela vous permet également de réfléchir sur vos accomplissements passés et de vous concentrer sur les objectifs que vous souhaitez atteindre à l'avenir.

Lorsque vous écrivez une lettre à votre moi futur, commencez par réfléchir aux objectifs que vous avez déjà atteints. Pensez à vos réalisations passées, les défis que vous avez surmontés et les moments où vous vous êtes senti le plus fier de vous. Écrivez sur ces réalisations et dites-vous que vous êtes capable de réaliser encore plus à l'avenir.

Ensuite, pensez à vos objectifs futurs et à ce que vous souhaitez réaliser dans les années à venir. Écrivez sur les étapes que vous allez prendre pour atteindre ces objectifs et ce que vous espérez ressentir une fois que vous les aurez atteints.

Lorsque vous écrivez la lettre, utilisez un ton positif et encourageant. Dites-vous que vous êtes capable de surmonter les défis et d'atteindre vos objectifs. N'oubliez pas que cette lettre est destinée à votre moi futur, donc n'hésitez pas à écrire sur des choses que vous voulez vous rappeler plus tard dans la vie.

Une fois que vous avez terminé d'écrire la lettre, gardez-la dans un endroit sûr. Vous pouvez la relire de temps en temps pour vous rappeler vos objectifs et pour vous encourager à continuer à travailler dur pour les atteindre.

Ecrire une lettre à votre moi futur peut être un excellent moyen de vous motiver et de vous encourager à atteindre vos objectifs. En vous concentrant sur vos accomplissements passés et en visualisant votre succès futur, vous pouvez renforcer votre confiance en vous et vous sentir plus motivé pour poursuivre vos rêves.

Jour 20

Prenez soin de votre corps en mangeant sainement et en vous hydratant. Une alimentation équilibrée et une bonne hydratation peuvent avoir un impact positif sur votre énergie et votre humeur.

Prendre soin de son corps est une composante essentielle du bien-être physique et mental. En effet, notre alimentation joue un rôle clé dans la manière dont nous nous sentons et dans notre capacité à affronter les défis de la vie quotidienne. Ainsi, manger des aliments sains et équilibrés est crucial pour maintenir notre corps en bonne santé et notre esprit en équilibre.

Pour commencer, il est important de comprendre les bases d'une alimentation saine. Cela implique de manger des aliments riches en nutriments tels que des fruits et légumes, des protéines maigres, des grains entiers et des graisses saines. Évitez les aliments transformés, riches en sucre, en gras saturés et en sel, qui peuvent avoir des effets négatifs sur votre corps et votre humeur.

En plus de manger sainement, il est également important de boire suffisamment d'eau pour maintenir une bonne hydratation. L'eau est essentielle pour de nombreuses fonctions corporelles, telles que la régulation de la température corporelle, la digestion et le transport de nutriments. Il est recommandé de boire au moins 8 verres d'eau par jour pour maintenir une bonne hydratation.

En prenant soin de votre corps par une alimentation équilibrée et une hydratation adéquate, vous pouvez améliorer votre énergie et votre humeur. Vous vous sentirez mieux dans votre peau et serez mieux équipé pour faire face aux défis de la vie quotidienne. Cela peut également vous aider à maintenir un poids santé et à prévenir les maladies chroniques, telles que le diabète et les maladies cardiaques.

Prendre soin de votre corps par une alimentation équilibrée et une hydratation adéquate peut avoir un impact significatif sur votre bien-être physique et mental. En adoptant de bonnes habitudes alimentaires, vous pouvez améliorer votre énergie, votre humeur et votre santé à long terme

Jour 21

Pratiquez la respiration profonde pour vous aider à vous calmer et à vous concentrer sur le moment présent.

La pratique de la respiration profonde est une technique simple mais efficace pour se calmer, se détendre et se concentrer sur le moment présent. La respiration profonde peut être utilisée pour réduire le stress et l'anxiété, améliorer la concentration et favoriser la relaxation.

Voici les étapes de base pour pratiquer la respiration profonde :

Asseyez-vous confortablement dans une position droite avec les épaules détendues et les pieds à plat sur le sol.

Posez une main sur votre poitrine et l'autre sur votre ventre.

Inspirez profondément par le nez en faisant en sorte que votre ventre se gonfle sous votre main.

Retenez votre souffle pendant quelques secondes.

Expirez lentement par la bouche en faisant en sorte que votre ventre se dégonfle sous votre main.

Répétez ce processus pendant quelques minutes en vous concentrant sur votre respiration et en essayant de libérer votre esprit de toutes les pensées qui pourraient l'encombrer.

En pratiquant régulièrement la respiration profonde, vous pouvez améliorer votre capacité à gérer les situations stressantes, vous sentir plus calme et plus détendu, et améliorer votre concentration et votre bien-être général

Jour 22

Faites une liste des personnes positives dans votre vie et passez du temps avec elles. Entourer vous de personnes positives peut avoir un impact positif sur votre confiance en vous.

Passer du temps avec des personnes positives peut être une excellente façon de renforcer votre confiance en vous. Ces personnes peuvent vous soutenir, vous encourager et vous donner un point de vue positif sur vous-même et vos objectifs. Voici quelques façons de mettre cela en pratique :

Identifiez les personnes positives dans votre vie : Faites une liste des personnes qui vous soutiennent et vous encouragent, celles qui vous apportent de la joie et de l'énergie. Il peut s'agir de membres de votre famille, d'amis proches, de mentors ou même de collègues.

Organisez des activités avec ces personnes : planifiez des activités que vous pouvez faire ensemble, comme un pique-nique, un dîner, une soirée cinéma ou une sortie sportive. Prendre le temps de vous connecter avec ces personnes peut renforcer votre confiance en vous.

Évitez les personnes négatives : si vous connaissez des personnes qui vous critiquent ou qui vous tirent vers le bas, essayez de les éviter autant que possible. Passer du temps avec des personnes négatives peut affecter négativement votre confiance en vous.

Soyez vous-même : ne changez pas qui vous êtes pour plaire à quelqu'un d'autre. Les personnes positives dans votre vie vous aimeront pour qui vous êtes, donc soyez authentique.

Passer du temps avec des personnes positives peut renforcer votre confiance en vous. Entourez-vous de personnes qui vous soutiennent, planifiez des activités avec elles et évitez les personnes négatives. Soyez vous-même et profitez de la positivité qui peut en découler.

Jour 23

Prenez une pause des médias sociaux. La comparaison constante avec les autres sur les médias sociaux peut affecter votre confiance en vous.

Prendre une pause des médias sociaux peut avoir de nombreux avantages pour votre bien-être mental et émotionnel, y compris votre confiance en vous. L'utilisation excessive des médias sociaux peut souvent conduire à la comparaison constante avec les autres, ce qui peut avoir un impact négatif sur l'estime de soi. Voici quelques raisons pour lesquelles prendre une pause des médias sociaux peut vous aider à améliorer votre confiance en vous :

Vous pouvez vous concentrer sur vous-même : En prenant une pause des médias sociaux, vous pouvez vous concentrer sur vous-même et sur vos propres réalisations plutôt que sur celles des autres. Cela peut vous aider à vous sentir plus confiant dans vos propres capacités.

Vous pouvez établir des relations plus significatives : Lorsque vous prenez une pause des médias sociaux, vous pouvez passer plus de temps à interagir avec les gens en face à face. Cela peut vous aider à construire des relations plus significatives et authentiques, qui peuvent renforcer votre confiance en vous.

Vous pouvez réduire le stress et l'anxiété : Les médias sociaux peuvent souvent être une source de stress et d'anxiété. En prenant une pause, vous pouvez réduire la pression constante de suivre les autres et de maintenir une image parfaite. Cela peut vous aider à vous sentir plus détendu et plus confiant.

Vous pouvez trouver d'autres façons de vous divertir : Les médias sociaux peuvent souvent être une distraction facile, mais il existe de nombreuses autres façons de se divertir et de se détendre. En trouvant d'autres activités qui vous plaisent, vous pouvez renforcer votre confiance en vos propres choix et vos propres goûts.

Prendre une pause des médias sociaux peut être bénéfique pour votre confiance en vous et votre bien-être en général. Il peut être utile de planifier une pause régulière des médias sociaux pour vous permettre de vous concentrer sur vous-même et sur vos propres objectifs et aspirations

Jour 24

Créez une liste de vos passions et de vos intérêts. Faire les choses que vous aimez peut vous aider à vous sentir plus confiant et à vous épanouir.

Créer une liste de vos passions et de vos intérêts peut être un excellent moyen de découvrir ce qui vous rend heureux et de vous concentrer sur les activités qui vous apportent de la joie et du plaisir. Lorsque vous faites les choses que vous aimez, vous êtes plus susceptible de vous sentir en confiance et en contrôle, ce qui peut contribuer à une meilleure estime de soi.

Prenez le temps de réfléchir à vos centres d'intérêt et à ce qui vous passionne. Il peut s'agir d'activités telles que la lecture, l'écriture, la musique, le sport, les voyages, la cuisine, l'art, la danse, etc. Écrivez-les tous sur une liste et prenez le temps de réfléchir à la façon dont vous pouvez intégrer ces activités dans votre vie.

Essayez d'allouer du temps régulièrement pour faire ces activités et engager avec vos passions. Que ce soit en pratiquant une nouvelle recette de cuisine ou en jouant de la musique avec des amis, l'important est de vous concentrer sur ce que vous aimez et ce qui vous rend heureux. Cela peut vous aider à vous sentir plus confiant et satisfait de votre vie

Jour 25

Apprenez quelque chose de nouveau. Apprendre de nouvelles choses peut vous aider à développer votre confiance en vous et votre estime de vous-même.

Absolument ! Apprendre de nouvelles compétences ou acquérir de nouvelles connaissances peut être un excellent moyen de stimuler votre confiance en vous. Cela peut vous aider à vous sentir plus compétent et à augmenter votre sentiment d'accomplissement. Voici quelques façons de commencer à apprendre quelque chose de nouveau :

Inscrivez-vous à un cours en ligne : Il existe de nombreux cours en ligne disponibles sur une variété de sujets. Vous pouvez trouver des cours gratuits ou payants sur des plateformes comme Coursera, edX, ou encore Udemy. Ces cours peuvent vous aider à acquérir de nouvelles compétences et à vous sentir plus compétent.

Lisez des livres : La lecture est une excellente façon d'élargir vos horizons et d'apprendre de nouvelles choses. Vous pouvez lire des livres sur des sujets qui vous intéressent ou des livres qui vous aideront à acquérir de nouvelles compétences.

Pratiquez une nouvelle compétence : Trouvez une activité que vous voulez apprendre et commencez à la pratiquer régulièrement. Il peut s'agir d'une nouvelle langue, d'un nouvel instrument de musique ou même d'un nouveau sport. La pratique régulière peut vous aider à vous sentir plus confiant dans vos compétences.

Assistez à des conférences : Les conférences peuvent vous donner l'occasion d'apprendre de nouvelles choses et de rencontrer des personnes partageant les mêmes idées. Les conférences peuvent également vous donner de nouvelles idées et de l'inspiration.

L'apprentissage de quelque chose de nouveau peut être une expérience enrichissante qui peut vous aider à développer votre confiance en vous. Que ce soit pour votre carrière, vos loisirs ou simplement pour élargir vos horizons, l'apprentissage de nouvelles choses peut vous aider à vous sentir plus compétent et plus confiant

Jour 26

Faites une liste de vos échecs passés et travaillez sur la façon dont vous pouvez les transformer en opportunités d'apprentissage. Reconnaître vos échecs passés peut vous aider à grandir et à vous améliorer.

Faire face à ses échecs est souvent difficile, mais c'est une étape importante pour renforcer sa confiance en soi. Faire une liste de ses échecs passés peut sembler décourageant, mais c'est une étape nécessaire pour progresser. Cela peut aider à identifier les domaines où vous pouvez vous améliorer et à comprendre les leçons que vous avez apprises.

Une fois que vous avez identifié vos échecs passés, vous pouvez commencer à travailler sur la façon dont vous pouvez les transformer en opportunités d'apprentissage. Réfléchissez à ce que vous auriez pu faire différemment et comment vous pouvez utiliser cette expérience pour vous améliorer à l'avenir. Ensuite, fixez-vous des objectifs réalistes et spécifiques pour vous aider à éviter les mêmes erreurs à l'avenir.

Il est important de se rappeler que tout le monde fait des erreurs, et que l'important est de les voir comme des opportunités d'apprentissage et de croissance personnelle. En travaillant sur la façon dont vous pouvez transformer vos échecs passés en opportunités, vous pouvez renforcer votre confiance en vous et aller de l'avant avec une attitude positive

Jour 27

Écrivez une liste de vos qualités et de vos compétences, en vous concentrant sur les choses que vous aimez chez vous. Se concentrer sur vos qualités positives peut renforcer votre confiance en vous.

Faire une liste de vos qualités et de vos compétences est un excellent moyen de renforcer votre confiance en vous. Voici quelques étapes à suivre pour créer cette liste :

Prenez le temps de réfléchir à vos expériences passées, à vos réalisations et aux compliments que vous avez reçus. Qu'est-ce que les gens apprécient chez vous ? De quoi êtes-vous fier de vous ?

Pensez à vos traits de personnalité positifs, tels que votre gentillesse, votre empathie, votre générosité ou votre capacité à écouter les autres.

Considérez vos compétences professionnelles, comme la gestion de projet, la résolution de problèmes, la communication ou la créativité.

Ensuite, écrivez une liste de toutes vos qualités et compétences. N'hésitez pas à être spécifique et détaillé.

Une fois que vous avez terminé, lisez la liste à voix haute et concentrez-vous sur les aspects que vous appréciez le plus chez vous.

Gardez cette liste à portée de main pour pouvoir la consulter lorsque vous avez besoin d'un rappel de vos qualités et compétences positives.

Faire une liste de vos qualités et compétences peut vous aider à prendre conscience de vos points forts et à renforcer votre confiance en vous. Cela peut également vous aider à vous concentrer sur les domaines dans lesquels vous pouvez vous améliorer pour atteindre vos objectifs personnels et professionnels.

Jour 28

Félicitez-vous pour avoir suivi cette méthode pendant 28 jours et continuez à travailler sur votre confiance en vous. N'oubliez pas que la confiance en soi est quelque chose qui se construit progressivement et qu'il est important de prendre soin de soi et de continuer à se concentrer sur les aspects positifs de sa vie

Tout à fait ! Féliciter soi-même pour le travail accompli est une étape importante pour renforcer la confiance en soi. Se rappeler que la confiance en soi est un processus continu qui nécessite de la pratique et de l'attention régulière. Cela signifie qu'il est important de continuer à prendre soin de soi et de travailler sur les aspects positifs de sa vie.

Il est également important de se rappeler que la confiance en soi peut varier en fonction des situations et des défis que l'on rencontre. Parfois, il est possible de se sentir moins confiant dans certaines situations, et c'est normal. Cependant, en continuant à utiliser les techniques et les méthodes qui ont fonctionné pour nous, nous pouvons nous sentir mieux préparés et plus confiants pour faire face à ces défis.

En fin de compte, le développement de la confiance en soi est un voyage personnel qui peut prendre du temps, mais avec de la patience, de la persévérance et de la pratique, nous pouvons tous travailler pour nous sentir plus confiants dans nos capacités et dans notre vie en général

Table des matières

Printed by Books on Demand GmbH, Norderstedt / Germany